DIE SCHÖNSTEN WEIHNACHTS- LIEDER

für die ganze Familie

DIE SCHÖNSTEN WEIHNACHTS-LIEDER

für die ganze Familie

Mit Noten, Bräuchen und der Weihnachtsgeschichte

HERAUSGEGEBEN VON
STEFAN WEIGAND

KÖSEL

INHALT

DIE WEIHNACHTSGESCHICHTE

Es geschah aber in jenen Tagen, dass Kaiser Augustus den Befehl erließ, den ganzen Erdkreis in Steuerlisten einzutragen. Diese Aufzeichnung war die erste; damals war Quirinius Statthalter von Syrien. Da ging jeder in seine Stadt, um sich eintragen zu lassen.

So zog auch Josef von der Stadt Nazaret in Galiläa hinauf nach Judäa in die Stadt Davids, die Betlehem heißt; denn er war aus dem Haus und Geschlecht Davids. Er wollte sich eintragen lassen mit Maria, seiner Verlobten, die ein Kind erwartete. Es geschah, als sie dort waren, da erfüllten sich die Tage, dass sie gebären sollte, und sie gebar ihren Sohn, den Erstgeborenen. Sie wickelte ihn in Windeln und legte ihn in eine Krippe, weil in der Herberge kein Platz für sie war.

In dieser Gegend lagerten Hirten auf freiem Feld und hielten Nachtwache bei ihrer Herde. Da trat ein Engel des Herrn zu ihnen und die Herrlichkeit des Herrn umstrahlte sie und sie fürchteten sich sehr. Der Engel sagte zu ihnen: Fürchtet euch nicht, denn siehe, ich verkünde euch eine große Freude, die dem ganzen Volk zuteilwerden soll: Heute ist euch in der Stadt Davids der Retter geboren; er ist der Christus, der Herr. Und das soll euch als Zeichen dienen: Ihr werdet ein Kind finden, das, in Windeln gewickelt, in einer Krippe liegt.

Und plötzlich war bei dem Engel ein großes himmlisches Heer, das Gott lobte und sprach: Ehre sei Gott in der Höhe und Friede auf Erden den Menschen seines Wohlgefallens.

Und es geschah, als die Engel von ihnen in den Himmel zurück-
gekehrt waren, sagten die Hirten zueinander: Lasst uns nach Betlehem gehen, um das Ereignis zu sehen, das uns der Herr kund-
getan hat! So eilten sie hin und fanden Maria und Josef und das
Kind, das in der Krippe lag. Als sie es sahen, erzählten sie von dem
Wort, das ihnen über dieses Kind gesagt worden war. Und alle,
die es hörten, staunten über das, was ihnen von den Hirten erzählt wurde. Maria aber bewahrte alle diese Worte und erwog sie
in ihrem Herzen. Die Hirten kehrten zurück, rühmten Gott und
priesen ihn für alles, was sie gehört und gesehen hatten, so wie es
ihnen gesagt worden war.

Lukasevangelium 2,1–20

WIR SAGEN EUCH AN

1 Wir sa - gen euch an den lie - ben Ad - vent.
Wir sa - gen euch an eine hei - li - ge Zeit.

Se - het, die ers - te Kerz - ze brennt!
Ma - chet dem Herrn die Wege be - reit.

Freut euch, ihr Chris - ten, freu - et euch

sehr! Schon ist na - he der Herr.

2. Wir sagen euch an den lieben Advent.
Sehet, die zweite Kerze brennt!
So nehmet euch eins um das andere an,
Wie auch der Herr an uns getan.
|: Freut euch, ihr Christen, freuet euch sehr!
Schon ist nahe der Herr.:|

3. Wir sagen euch an den lieben Advent.
   Sehet, die dritte Kerze brennt!
   Nun tragt eurer Güte hellen Schein
   Weit in die dunkle Welt hinein.
   |: Freut euch, ihr Christen, freuet euch sehr!
   Schon ist nahe der Herr.:|

4. Wir sagen euch an den lieben Advent.
   Sehet, die vierte Kerze brennt.
   Gott selber wird kommen. Er zögert nicht.
   Auf, auf, ihr Herzen, und werdet licht!
   |: Freut euch, ihr Christen, freuet euch sehr!
   Schon ist nahe der Herr.:|

MELODIE: **Heinrich Rohr**
TEXT: **Maria Ferschl**

Ein Lied, das durch die ganze Adventszeit führt
und in vielen Familien das Entzünden der nächsten
Kerze auf dem Adventskranz begleitet. Der Text
erzählt von der Hoffnung, dass Weihnachten Licht
in die Welt bringt – und auch wir selbst zum Licht
werden.

ES KOMMT EIN SCHIFF, GELADEN

2. Das Schiff geht still im Triebe,
   es trägt ein teure Last;
   das Segel ist die Liebe,
   der Heilig Geist der Mast.

3. Der Anker haft' auf Erden,
   da ist das Schiff am Land.
   Das Wort will Fleisch uns werden,
   der Sohn ist uns gesandt.

4. Zu Bethlehem geboren
   im Stall ein Kindelein,
   gibt sich für uns verloren;
   gelobet muss es sein.

5. Und wer dies Kind mit Freuden
   umfangen, küssen will,
   muss vorher mit ihm leiden
   groß Pein und Marter viel,

6. Danach mit ihm auch sterben
   und geistlich auferstehn,
   das ewig Leben erben,
   wie an ihm ist geschehn.

MELODIE: **15. Jahrhundert, Frankreich**
TEXT: **16. Jahrhundert**

7. Maria, Gottes Mutter,
   gelobet musst du sein.
   Jesus ist unser Bruder,
   das liebe Kindelein.

Schiff, Anker, Segel: Sehr bildreich ist die Sprache
dieses Weihnachtsliedes. Der Text geht vermutlich
zurück auf ein Marienlied, das dem Theologen und
Mystiker Johannes Tauler (1300–1361) zugeschrieben
wird. Das beladene Schiff steht in der Tradition als
Metapher für die schwangere Maria, es wird aber
auch mit der Seele verbunden. Die Melodie weist
Besonderheiten auf: Zunächst im Sechsviertel-Takt,
wechselt es in den Vierviertel-Takt und kehrt dann
wieder in den Sechsviertel-Takt zurück.

MARIA DURCH EIN DORNWALD GING

2. Was trug Maria unter ihrem Herzen?
   Kyrie eleison.
   Ein kleines Kindlein ohne Schmerzen,
   das trug Maria unter ihrem Herzen.
   Jesus und Maria.

3. Da haben die Dornen Rosen getragen,
   Kyrie eleison.
   Als das Kindlein durch den Wald getragen,
   da haben die Dornen Rosen getragen.
   Jesus und Maria.

MELODIE UND TEXT: **19. Jahrhundert, Wurzeln wohl auch früher**

Die Jugendbewegungen des 19. Jahrhunderts fanden Gefallen an diesem Lied, von dem eine Fassung bereits 1608 im Andernacher Gesangbuch überliefert ist – vielleicht lag das an der Stimmung, die sehr getragen ist und sich ganz von der Leichtigkeit der Kinderliedchen der Vätergeneration abhob.

MACHT HOCH DIE TÜR

1 Macht hoch die Tür, die Tor' macht weit, es kommt der Herr der Herr - lich - keit, ein Kö - nig al - ler Kö - nig - reich, ein Hei - land al - ler Welt zu - gleich, der Heil und Se - gen mit sich bringt, der - halb - ben jauchzt, mit Freu - den singt: Ge - - lo - bet sei mein Gott, mein Schö - pfer reich an Rat.

2. Er ist gerecht, ein Helfer wert;
   Sanftmütigkeit ist sein Gefährt,
   sein Königskron ist Heiligkeit,
   sein Zepter ist Barmherzigkeit;
   all unsre Not zum End er bringt,
   derhalben jauchzt, mit Freuden singt:
   Gelobet sei mein Gott,
   mein Heiland groß von Tat.

3. O wohl dem Land, o wohl der Stadt,
   so diesen König bei sich hat.
   Wohl allen Herzen insgemein,
   da dieser König ziehet ein.
   Er ist die rechte Freudensonn,
   bringt mit sich lauter Freud und Wonn.
   Gelobet sei mein Gott,
   mein Tröster früh und spat.

4. Macht hoch die Tür, die Tor' macht weit,
   eu'r Herz zum Tempel zubereit'.
   Die Zweiglein der Gottseligkeit
   steckt auf mit Andacht, Lust und Freud;
   so kommt der König auch zu euch,
   ja, Heil und Leben mit zugleich.
   Gelobet sei mein Gott,
   voll Rat, voll Tat, voll Gnad.

5. Komm, o mein Heiland Jesu Christ,
   meins Herzens Tür dir offen ist.
   Ach zieh mit deiner Gnade ein;
   dein Freundlichkeit auch uns erschein.
   Dein Heilger Geist uns führ und leit
   den Weg zur ewgen Seligkeit.
   Dem Namen dein, o Herr,
   sei ewig Preis und Ehr.

MELODIE: erstmals Anfang des 18. Jahrhunderts belegt
TEXT: Georg Weissel (1590–1635)

Ein ganzes Bündel an biblischen Motiven greift dieses Lied auf. Der Text geht auf den Pfarrer Georg Weissel zurück, der darin unter anderem Psalm 24 zitiert: »Ihr Tore, hebt eure Häupter, hebt euch, ihr uralten Pforten, denn es kommt der König der Herrlichkeit!« Auch das Matthäusevangelium dient als Quelle; dort heißt es im 21. Kapitel: »Sagt der Tochter Zion: Siehe, dein König kommt zu dir. Er ist sanftmütig und er reitet auf einer Eselin und auf einem Fohlen, dem Jungen eines Lasttiers.«

LASST UNS FROH
UND MUNTER SEIN

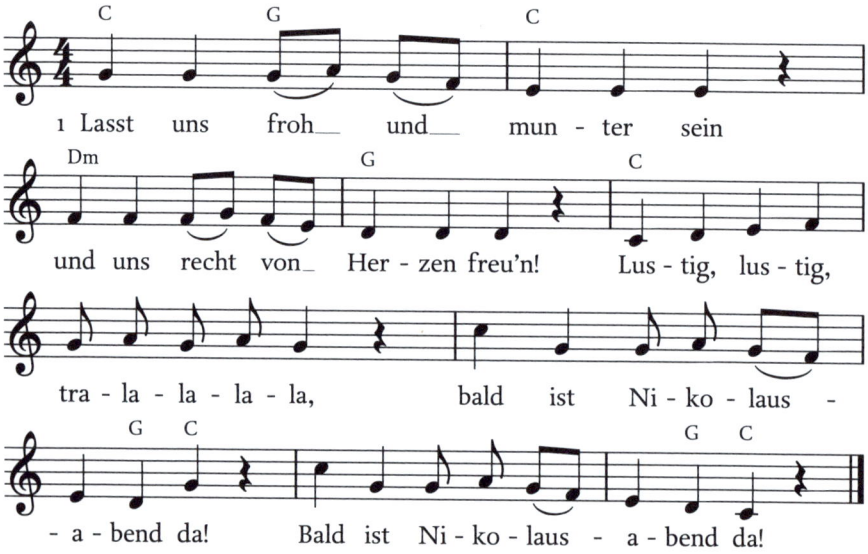

1 Lasst uns froh und munter sein und uns recht von Herzen freu'n! Lustig, lustig, tralalalala, bald ist Nikolaus-abend da! Bald ist Nikolaus-abend da!

2. Bald ist unsere Schule aus,
dann ziehn wir vergnügt nach Haus.
Lustig, lustig, tralalalala,
bald ist Nikolausabend da!
Bald ist Nikolausabend da!

3. Dann stell' ich den Teller auf,
Nik'laus legt gewiß was drauf.
Lustig, lustig, tralalalala,
bald ist Nikolausabend da!
Bald ist Nikolausabend da!

4. Steht der Teller auf dem Tisch,
sing' ich nochmals froh und frisch:
Lustig, lustig, tralalalala,
bald ist Nikolausabend da!
Bald ist Nikolausabend da!

5. Wenn ich schlaf', dann träume ich,
jetzt bringt Nik'laus was für mich.
Lustig, lustig, tralalalala,
bald ist Nikolausabend da!
Bald ist Nikolausabend da!

6. Wenn ich aufgestanden bin,
   lauf' ich schnell zum Teller hin.
   Lustig, lustig, tralalalala,
   bald ist Nikolausabend da!
   Bald ist Nikolausabend da!

7. Nik'laus ist ein guter Mann,
   dem man nicht genug danken kann.
   Lustig, lustig, tralalalala,
   bald ist Nikolausabend da!
   Bald ist Nikolausabend da!

MELODIE UND TEXT: **19. Jahrhundert; gelegentlich wird
Josef Annegarn (1794–1843) als Verfasser angegeben.**

Vorfreude ist das Thema dieses beliebten Nikolaus-
liedes. Es greift den Brauch des Gabentellers auf:
Am Vorabend des Nikolaustags stellten die Kinder
den leeren Teller auf, in der Hoffnung, dass ihn
der Nikolaus über Nacht mit Süßigkeiten fülle.
Bis heute hat sich diese Tradition erhalten und
bringt Kinderaugen zum Leuchten.

SPEKULATIUS-NIKOLÄUSE

Die Nikoläuse schmecken herrlich nach weihnachtlichen Gewürzen und sind nicht zu süß. Das Rezept ergibt etwa sechs Nikoläuse von 20 cm Höhe.

Zubereitungszeit:
45 Minuten + 1 Stunde Ruhenlassen + 20 Minuten Backen

Zutaten:
125 g Butter
1 Ei
150 g brauner Rohrzucker
1 Prise Salz
2 TL gemahlener Zimt
je ¼ TL gemahlener Kardamom, Nelken, Ingwer, Muskatnuss
300 g Mehl (Type 550)
1 TL Backpulver
Mehl für die Arbeitsfläche
3 EL Sahne zum Bestreichen
Rosinen zum Verzieren

So wird's gemacht:

Die Butter weich werden lassen und mit Ei, Zucker und Salz schaumig rühren. Gewürze mit Mehl und Backpulver mischen und unterrühren, zum Schluss verkneten. Den Teig 1 Stunde im Kühlschrank ruhen lassen. In der Zwischenzeit aus Papier eine Schablone für die Nikolausfigur ausschneiden.

Den Teig aus dem Kühlschrank nehmen und ½ cm dick ausrollen. Die Schablone sechsmal auf den Teig legen und mit einem spitzen Messer die Nikoläuse ausschneiden. Evtl. jeweils ein Kreuz ausschneiden und auf die Mitra, also die Kopfbedeckung des Bischofs, auflegen. Mit dem Messer Linien für die Kleidung einritzen, die Niko- läuse mit Sahne bestreichen, mit Rosinen verzieren und auf einem mit Backpapier belegten Blech im auf 200 °C (Ober-/Unterhitze) vorgeheiz- ten Ofen 20 Minuten backen.

MORGEN, KINDER, WIRD'S WAS GEBEN

1 Mor - gen, Kin - der, wird's was ge - ben, mor - gen - wer - den wir uns freu'n; welch ein Ju - bel, welch ein — Le - ben wird in — un - serm Hau - se sein! Ein - mal wer - den wir noch wach, hei - ßa, dann ist Weih - nachts - tag.

2. Wie wird dann die Stube glänzen
   von der großen Lichterzahl!
   Schöner, als bei frohen Tänzen
   ein geputzter Kronensaal.
   Wisst ihr noch, wie vor'ges Jahr
   es am heil'gen Abend war?

3. Wisst ihr noch die Spiele, Bücher
   und das schöne Schaukelpferd
   schöne Kleider, woll'ne Tücher,
   Puppenstube, Puppenherd?
   Morgen strahlt der Kerzen Schein,
   morgen werden wir uns freu'n.

4. Wisst ihr noch mein Räderpferdchen?
   Malchens nette Schäferin?
   Jettchens Küche mit dem Herdchen,
   Und dem blank geputzten Zinn?
   Heinrichs bunten Harlekin
   mit der gelben Violin?

5. Wisst ihr noch den großen Wagen,
   Und die schöne Jagd von Blei?
   Unsre Kleiderchen zum Tragen,
   und die viele Näscherei?
   Meinen fleiß'gen Sägemann
   mit der Kugel unten dran?

6. Welch ein schöner Tag ist morgen!
   Neue Freude hoffen wir.
   Unsre guten Eltern sorgen
   lange, lange schon dafür.
   O gewiss, wer sie nicht ehrt,
   ist der ganzen Lust nicht wert.

MELODIE UND TEXT: **18. Jahrhundert**

Aufklärung und Säkularisation veränderten auch die Inhalte
von Weihnachtsliedern. In diesem Lied sind christliche Motive
kaum zu finden, vielmehr liegt der Schwerpunkt auf der
Vorfreude der Kinder im Hinblick auf die Geschenke: Spiel-
figuren werden aufgezählt, Puppenstuben erwähnt und auch
die Eltern werden lobend genannt.

MORGEN KOMMT DER WEIHNACHTSMANN

1 Mor-gen kommt der Weih-nachts-mann, kommt mit sei-nen Ga-ben. Ei-sen-bahn und Feu-er-wehr, Pup-pen-haus und noch viel mehr, und auch ei-nen Ted-dy-bär möcht ich ger-ne ha-ben.

2. Bring' uns, lieber Weihnachtsmann,
Bring' auch morgen, bringe
Musketier und Grenadier,
Zottelbär und Panthertier,
Ross und Esel, Schaf und Stier,
Lauter schöne Dinge.

3. Doch du weißt ja unsern Wunsch,
Kennest unsere Herzen.
Kinder, Vater und Mama,
Auch sogar der Großpapa,
Alle, alle sind wir da,
Warten dein mit Schmerzen.

MELODIE: **Frankreich, um 1740**
TEXT: **Hoffmann von Fallersleben (1798–1874)**

Vom französischen Volkslied »Ah ! vous dirai-je, maman« (»Ach! Soll ich Ihnen sagen, Mama«) stammt die Melodie dieses vor allem bei Kindern sehr beliebten Weihnachtsliedes. Im ursprünglichen Text von Hoffmann von Fallersleben bringt der Weihnachtsmann als Gaben unter anderem »Trommel, Pfeife und Gewehr, Fahn und Säbel und noch mehr« – alles andere also als friedliche Weihnachten.

LOBT GOTT,
IHR CHRISTEN ALLZUGLEICH

1 Lobt Gott, ihr Chri - sten all - zu - gleich in
sei - nem höchs - ten Thron, der heut schließt auf sein
Him - mel - reich und schenkt uns - sei - nen Sohn, und
schenkt uns — sei - nen Sohn.

2. Er kommt aus seines Vaters Schoß
und wird ein Kindlein klein;
er liegt dort elend, nackt und bloß
in einem Krippelein,
in einem Krippelein.

3. Heut schließt er wieder auf die Tür
zum schönen Paradeis,
der Cherub steht nicht mehr dafür.
Gott sei Lob, Ehr und Preis!
Gott sei Lob, Ehr und Preis!

MELODIE: **16. Jahrhundert**
TEXT: **Nikolaus Herman (um 1480–1561)**

Dieses Weihnachtslied folgt dem beschwingten Rhythmus einer Allemande – ein vor allem im Barockzeitalter beliebter Schreittanz mit geradem Takt. Die Erstveröffentlichung des vollständigen Textes lässt sich auf das Jahr 1560 datieren, als er gemeinsam mit der Melodie in Wittenberg gedruckt wurde.

AM WEIHNACHTSBAUME DIE LICHTER BRENNEN

1 Am Weih - nachts - bau - me die Lich - ter bren - nen,

wie glänzt er fest - lich, lieb und mild, als spräch' er: »Wollt'

in mir er - ken - nen ge - treu - er Hoff - nung stil - les Bild.«

2. Die Kinder stehn mit hellen Blicken,
   das Auge lacht, es lacht das Herz;
   o fröhlich', seliges Entzücken!
   Die Alten schauen himmelwärts.

3. Zwei Engel sind hereingetreten,
   kein Auge hat sie kommen sehn,
   sie gehn zum Weihnachtstisch und beten,
   und wenden wieder sich und gehn:

4. »Gesegnet seid ihr alten Leute,
   Gesegnet sei du kleine Schar!
   Wir bringen Gottes Segen heute
   dem braunen, wie dem weißen Haar.

5. Zu guten Menschen, die sich lieben,
   Schickt uns der Herr als Boten aus,
   und seid ihr treu und fromm geblieben,
   wir treten wieder in dies Haus!«

6. Kein Ohr hat ihren Spruch vernommen,
   Unsichtbar jedes Menschen Blick,
   sind sie gegangen, wie gekommen,
   doch Gottes Segen blieb zurück!

MELODIE: **19. Jahrhundert**
TEXT: **Gustav Hermann Kletke (1813–1886)**

Eine idyllische Familienszene ist die Kulisse für
dieses Weihnachtslied. Die Geburt Jesu wird nicht
erwähnt, dafür aber eine Harmonie unter den Ge-
nerationen beschworen. Die Melodie fand auch in
anderen Liedern Verwendung, wie etwa im Volkslied »Es blühen Rosen, es blühen Nelken«, das auf
1830 datiert wird.

FRÖHLICHE WEIHNACHT ÜBERALL

1 »Fröh - li - che Weih - nacht ü - ber - all!«
tö - net durch die Lüf - te froh - her Schall.
Weih - nachts - ton, Weih - nachts - baum, Weih - nachts - duft in
je - dem Raum! »Fröh - li - che Weih - nacht ü - ber - all!«
tö - net durch die Lüf - te fro - her Schall.
Da - rum al - le stim - met in den Ju - bel - ton,
denn es kommt das Licht der Welt von des Va - ters Thron.

2. »Fröhliche Weihnacht überall!«
tönet durch die Lüfte froher Schall.
Weihnachtston, Weihnachtsbaum,
Weihnachtsduft in jedem Raum!
»Fröhliche Weihnacht überall!«
tönet durch die Lüfte froher Schall.
Licht auf dunklem Wege,
unser Licht bist du;
denn du führst, die dir vertraun,
ein zu sel'ger Ruh'.

3. »Fröhliche Weihnacht überall!«
tönet durch die Lüfte froher Schall.
Weihnachtston, Weihnachtsbaum,
Weihnachtsduft in jedem Raum!
»Fröhliche Weihnacht überall!«
tönet durch die Lüfte froher Schall.
Was wir andern taten,
sei getan für dich,
dass bekennen jeder muss,
Christkind kam für mich.

MELODIE UND TEXT: 19. Jahrhundert

Weihnachten ist ein Fest der Sinne: Licht und Dunkel, Düfte und
Geschmäcker und natürlich ganz einmalige Klänge machen die
Zeit so besonders. All das greift dieses Lied auf, das im deutsch-
sprachigen Raum zum ersten Mal 1885 belegt ist.

DER CHRISTBAUM

Wie schön geschmückt der festliche Raum!
Die Lichter funkeln am Weihnachtsbaum!
O fröhliche Zeit! O seliger Traum!

Die Mutter sitzt in der Kinder Kreis;
nun schweiget alles auf ihr Geheiß:
sie singet des Christkinds Lob und Preis.

Und rings, vom Weihnachtsbaum erhellt,
ist schön in Bildern aufgestellt
des heiligen Buches Palmenwelt.

Die Kinder schauen der Bilder Pracht,
und haben wohl des Singens acht,
das tönt so süß in der Weihenacht!

O glücklicher Kreis im festlichen Raum!
O goldne Lichter am Weihnachtsbaum!
O fröhliche Zeit! O seliger Traum!

Peter Cornelius (1824–1874)

TOCHTER ZION

1 Toch - ter___ Zi - on, freu - - e dich! Jauch - - ze laut, Je - ru - - sa - lem! Sieh,___ dein Kö - nig kommt___ zu dir! Ja,___ er kommt, der Frie - dens - fürst.___ Toch - ter___ Zi - on, freu - - e dich! Jauch - - ze laut, Je - ru - - sa - lem!___

2. Hosianna, Davids Sohn,
   sei gesegnet deinem Volk!
   Gründe nun dein ew'ges Reich.
   Hosianna in der Höh'.
   Hosianna, Davids Sohn,
   sei gesegnet deinem Volk!

3. Hosianna, Davids Sohn,
   sei gegrüßet, König mild!
   Ewig steht dein Friedensthron,
   du, des ew'gen Vaters Kind.
   Hosianna, Davids Sohn,
   sei gegrüßet, König mild!

MELODIE: **Georg Friedrich Händel (1685–1759)**
TEXT: **in Anlehnung an Sacharja 9,9**

»Juble laut, Tochter Zion! Jauchze, Tochter Jerusalem!
Siehe, dein König kommt zu dir.« Diese Zeilen aus dem
biblischen Buch Sacharja bilden die Grundlage für den
Text dieses beliebten Weihnachtsliedes. Die Melodie
geht auf Georg Friedrich Händel zurück, der sie für sein
Oratorium »Joshua« schuf. Der evangelische Theologe
Friedrich Heinrich Ranke legte schließlich den biblischen
Text auf den Chorsatz von Händel und gab dem Lied seine
heutige Gestalt.

ES IST EIN ROS ENTSPRUNGEN

2. Das Röslein, das ich meine,
   davon Jesaja sagt,
   ist Maria, die Reine,
   die uns das Blümlein bracht.
   Aus Gottes ewgem Rat
   hat sie ein Kind geboren,
   und blieb doch reine Magd.

3. Das Röselein so kleine,
   das duftet uns so süß,
   Mit seinem hellen Scheine
   vertreibt's die Finsternis.
   Wahr' Mensch und wahrer Gott;
   hilft uns aus allem Leide,
   rettet von Sünd und Tod.

4. Lob, Ehr sei Gott dem Vater,
 dem Sohn und heilgen Geist!
 Maria, Gottesmutter,
 sei hoch gebenedeit!
 Der in der Krippen lag,
 der wendet Gottes Zoren,
 wandelt die Nacht in Tag.

MELODIE: **16. Jahrhundert**
TEXT: **in Anlehnung an Jesaja 11,1a**

5. O Jesu, bis zum Scheiden
 aus diesem Jammertal
 Lass dein Hilf uns geleiten
 hin in der Engel Saal,
 In deines Vaters Reich,
 da wir dich ewig loben:
 o Gott, uns das verleih!

Das Wort »Ros« ist gar nicht mehr üblich in unserer Sprache. Wenn es so zentral in diesem Lied vorkommt, wirkt das zunächst rätselhaft. Zum ersten Mal taucht das Lied 1599 im Speyerer Gesangbuch auf. Die zweite Strophe gibt dann Aufschluss über die Bedeutung: Maria wird als »Röslein« bezeichnet; den »Ros« der ersten Strophe kennen Gärtner heute als Reis, als Trieb, der aus der Wurzel wächst. Diese bildhafte Deutung stammt aus dem Mittelalter, in dem man die Jungfrau (virgo) Maria mit der Weissagung des Propheten Jesaja vom Sproß (virgo) verknüpfte. Die Wurzel Jesse, von der die Rede ist, ist Isai (Jesse), der Vater Davids, aus dessen Geschlecht der Messias geboren werden sollte.

ALLES STILL!

Alles still! Es tanzt den Reigen
Mondenstrahl in Wald und Flur,
Und darüber thront das Schweigen
Und der Winterhimmel nur.

Alles still! Vergeblich lauschet
Man der Krähe heisrem Schrei.
Keiner Fichte Wipfel rauschet,
Und kein Bächlein summt vorbei.

Alles still! Die Dorfeshütten
Sind wie Gräber anzusehn,
Die, von Schnee bedeckt, inmitten
Eines weiten Friedhofs stehn.

Alles still! Nichts hör ich klopfen
Als mein Herze durch die Nacht –
Heiße Tränen niedertropfen
Auf die kalte Winterpracht.

Theodor Fontane

ALLE JAHRE WIEDER

1 Al - le Jah - re wie - der kommt das Chris - tus - kind
auf die Er - de nie - der,_ wo wir Men - schen sind.

2. Kehrt mit seinem Segen
ein in jedes Haus,
geht auf allen Wegen
mit uns ein und aus.

3. Ist auch mir zur Seite
still und unerkannt,
dass es treu mich leite
an der lieben Hand.

MELODIE: **Philipp Friedrich Silcher (1789–1860)**
TEXT: **Wilhelm Hey (1789–1854)**

Vom Dichter Wilhelm Hey sind Predigten und
vor allem Fabeln für Kinder überliefert – und
dieses sehr beliebte Weihnachtslied. Es ist im
fröhlichen Volkston gehalten und bringt die
Weihnachtsfreude in kindlicher Weise zum
Ausdruck.

SÜSSER DIE GLOCKEN NIE KLINGEN

1 Sü - ßer die Glo - cken nie klin - gen, als zu der Weih - nachts - zeit,____ 's ist, als ob En - ge - lein sin - gen wie - der von Frie - den und Freud, wie sie ge - sun - gen in se - li - ger Nacht, wie sie ge - sun - gen in se - li - ger Nacht. Glo - cken mit hei - li - gem Klang,____ klin - get die Er - de ent - lang.____

2. O wenn die Glocken erklingen,
schnell sie das Christkindlein hört:
Tut sich vom Himmel dann schwingen,
eilet hernieder zur Erd'.
Segnet den Vater, die Mutter, das Kind;
Glocken mit heiligem Klang,
klinget die Erde entlang!

3. Klinget mit lieblichem Schalle
über die Meere noch weit,
dass sich erfreuen doch alle
seliger Weihnachtszeit,
alle aufjauchzen mit einem Gesang!
Glocken mit heiligem Klang,
klinget die Erde entlang!

MELODIE: **19. Jahrhundert**
TEXT: **Friedrich Wilhelm Kritzinger (1816–1890)**

Erstmals wurde dieses Weihnachtslied 1860 in
der Sammlung »Liederstrauß« veröffentlicht.
Der Klang der Glocken steht hier für den Frieden
und die Freude des Weihnachtsfestes.

O DU FRÖHLICHE

1 O du fröh-li-che,— o du se-li-ge,— gna-den-brin-gen-de Weih-nachts-zeit! Welt_ ging ver-lo-ren, Christ_ ward ge-bo-ren. Freu-e,— freu-e dich, o Chris-ten-heit!

2. O du fröhliche, o du selige,
   gnadenbringende Weihnachtszeit!
   Christ ist erschienen, uns zu versühnen:
   Freue, freue dich, o Christenheit!

3. O du fröhliche, o du selige,
   gnadenbringende Weihnachtszeit!
   Himmlische Heere jauchzen Dir Ehre:
   Freue, freue dich, o Christenheit!

MELODIE: **italienisches Marienlied**
TEXT: **Johannes Daniel Falk (1768–1826),
Heinrich Holzschuher (1798–1847)**

Vom sizilianischen Marienlied »O sanctissima« stammt die Melodie dieses Weihnachtsliedes. Nachdem Johannes Daniel Falk vier seiner sieben Kinder durch eine Typhusseuche verloren hatte, gründete er in Weimar das »Rettungshaus für verwahrloste Kinder«. Den dort aufgenommenen Kindern widmete er um 1816 das heute als Weihnachtslied bekannte »O du fröhliche«.

VOM HIMMEL HOCH

1 Vom Him - mel hoch, da komm ich her, ich bring euch gu - te

neu - e Mär. Der gu - ten Mär bring ich so viel, da -

- von ich sin - gen und sa - gen will.

2. Euch ist ein Kindlein heut' geborn
   von einer Jungfrau auserkorn,
   ein Kindelein, so zart und fein,
   das soll eu'r Freud und Wonne sein.

3. Es ist der Herr Christ, unser Gott,
   der will euch führn aus aller Not,
   er will eu'r Heiland selber sein,
   von allen Sünden machen rein.

4. Er bringt euch alle Seligkeit,
   die Gott der Vater hat bereit,
   dass ihr mit uns im Himmelreich
   sollt leben nun und ewiglich.

5. Des lasst uns alle fröhlich sein
und mit den Hirten gehn hinein,
zu sehn, was Gott uns hat beschert,
mit seinem lieben Sohn verehrt.

6. Lob, Ehr sei Gott im höchsten Thron,
der uns schenkt seinen ein'gen Sohn.
Des freuen sich der Engel Schar
und singen uns solch neues Jahr.

MELODIE: **Volkslied**
TEXT: **Martin Luther (1483–1546)**

Martin Luther war nicht nur Theo-
loge, sondern auch Dichter. Dieses
Lied hat er für seine Kinder zum
Weihnachtsfest 1535 gedichtet. Die
Melodie geht auf ein Volkslied
zurück.

STILLE NACHT, HEILIGE NACHT

1 Stil - le Nacht, hei - li - ge Nacht! Al - les schläft, ein - sam wacht nur das trau - te hoch - hei - li - ge Paar. Hol - der Kna - be im lo - cki - gen Haar, schlaf in himm - li - scher Ruh,___ schlaf in himm - li - scher Ruh!___

2. Stille Nacht, heilige Nacht!
Gottes Sohn, o wie lacht
Lieb aus deinem göttlichen Mund,
da uns schlägt die rettende Stund,
Christ, in deiner Geburt,
Christ, in deiner Geburt.

3. Stille Nacht, heilige Nacht!
Hirten erst kundgemacht,
durch der Engel Halleluja
tönt es laut von fern und nah:
Christ, der Retter, ist da,
Christ, der Retter, ist da!

MELODIE: **Franz Gruber (1787–1863)**
TEXT: **Joseph Mohr (1792–1848)**

Das wohl bekannteste Weihnachtslied der Welt wurde am 24. Dezember 1818 in der Kirche St. Nikola bei Salzburg zum ersten Mal aufgeführt. Im Jahr 2011 hat es die UNESCO als immaterielles Kulturerbe Österreichs anerkannt.

ICH STEH' AN DEINER KRIPPE HIER

Hm G A⁷ D Hm A

1 Ich steh' an dei - ner Krip - pe hier, o Je - su, du mein

D Hm A⁷ D

Le - ben, ich kom - me, bring' und schen - ke dir, was

Hm A D G D

du mir hast ge - ge - ben. Nimm hin, es ist mein

A⁷ D G D

Geist und Sinn, Herz, Seel' und Mut, nimm

A⁷ D Hm F♯ Hm F♯ Hm

al - les hin und lass dir's wohl - ge - fal - len.

2. Da ich noch nicht geboren war,
   da bist du mir geboren
   und hast mich dir zu eigen gar,
   eh ich dich kannt, erkoren.
   Eh ich durch deine Hand gemacht,
   da hast du schon bei dir bedacht,
   wie du mein wolltest werden.

3. Ich lag in tiefster Todesnacht,
   du warest meine Sonne,
   die Sonne, die mir zugebracht
   Licht, Leben, Freud und Wonne.
   O Sonne, die das werte Licht
   des Glaubens in mir zugericht',
   wie schön sind deine Strahlen!

4. Ich sehe dich mit Freuden an
   und kann mich nicht satt sehen;
   und weil ich nun nicht weiter kann,
   bleib ich anbetend stehen.
   O dass mein Sinn ein Abgrund wär
   und meine Seel ein weites Meer,
   dass ich dich möchte fassen!

5. Wenn oft mein Herz im Leibe weint
   und keinen Trost kann finden,
   rufst du mir zu: »Ich bin dein Freund,
   ein Tilger deiner Sünden.
   Was trauerst du, o Bruder mein?
   Du sollst ja guter Dinge sein,
   ich zahle deine Schulden.«

6. O dass doch so ein lieber Stern
   soll in der Krippen liegen!
   Für edle Kinder großer Herrn
   gehören güldne Wiegen.
   Ach, Heu und Stroh ist viel zu schlecht,
   Samt, Seide, Purpur wären recht,
   dies Kindlein draufzulegen!

7. Nehmt weg das Stroh, nehmt weg
   das Heu,
   ich will mir Blumen holen,
   dass meines Heilands Lager sei
   auf lieblichen Violen;
   mit Rosen, Nelken, Rosmarin
   aus schönen Gärten will ich ihn
   von oben her bestreuen.

MELODIE: **Johann Sebastian Bach (1685–1750)**
TEXT: **Paul Gerhardt (1607–1676)**

Der evangelische Dichter und Theologe
Paul Gerhardt schuf den Text zu diesem
beliebten Krippenlied. Spannend ist dabei,
dass die Zeilen nicht in der üblichen Wir-
Form verfasst sind, sondern ein »Ich«
spricht: Ein Merkmal der Reformations-
zeit und der Betonung des Bekenntnisses
des eigenen Glaubens.

ZU BETLEHEM GEBOREN

1 Zu Bet-le-hem ge-bor-en ist uns ein Kin-de-lein, das hab' ich aus-er-ko-ren, sein ei-gen will ich_ sein. Ei - a, ei - - a, sein_ ei - gen_ will ich sein.

2. In seine Lieb versenken
will ich mich ganz hinab;
mein Herz will ich ihm schenken
und alles, was ich hab.
Eia, eia, und alles, was ich hab.

3. O Kindelein, von Herzen
dich will ich lieben sehr
in Freuden und in Schmerzen,
je länger mehr und mehr.
Eia, eia, je länger mehr und mehr.

4. Dich wahren Gott ich finde
in meinem Fleisch und Blut;
darum ich fest mich binde
an dich, mein höchstes Gut.
Eia, eia, an dich, mein höchstes Gut.

5. Dazu dein Gnad mir gebe,
bitt ich aus Herzensgrund,
dass dir allein ich lebe
jetzt und zu aller Stund.
Eia, eia, jetzt und zu aller Stund.

6. Lass mich von dir nicht scheiden,
   knüpf zu, knüpf zu das Band
   der Liebe zwischen beiden,
   nimm hin mein Herz zum Pfand.
   Eia, eia, nimm hin mein Herz zum Pfand.

MELODIE: **17. Jahrhundert, Paris/Köln**
TEXT: **Friedrich Spee (1591–1635)**

Der Jesuit Friedrich Spee verfasste den Text zu diesem Krippenlied. Als Melodie
wählte er das Chanson »Une petite feste«, das eigentlich einen recht freizügigen
Text hat. Auch wenn es heute lieblich wirkt, so war die Entstehungszeit des Liedes alles andere als heimelig: Spee erlebte die Veröffentlichung des Liedes nicht
mehr, er starb zwei Jahre zuvor bei der Pflege Pestkranker.

WEIHNACHTEN

Markt und Straßen stehn verlassen,
Still erleuchtet jedes Haus,
Sinnend geh' ich durch die Gassen,
Alles sieht so festlich aus.

An den Fenstern haben Frauen
Buntes Spielzeug fromm geschmückt,
Tausend Kindlein stehn und schauen,
Sind so wunderstill beglückt.

Und ich wandre aus den Mauern
Bis hinaus ins freie Feld,
Hehres Glänzen, heil'ges Schauern!
Wie so weit und still die Welt!

Sterne hoch die Kreise schlingen,
Aus des Schnees Einsamkeit
Steigt's wie wunderbares Singen –
O du gnadenreiche Zeit!

Joseph von Eichendorff

IHR KINDERLEIN KOMMET

1 Ihr Kin - der - lein, kom - met, o kom - met doch all! Zur Krip - pe her kom - met in Beth - le - hems Stall. Und seht, was in die - ser hoch - hei - li - gen Nacht der Va - ter im Him - mel für Freu - de uns macht.

2. O seht in der Krippe, im nächtlichen Stall,
   seht hier bei des Lichtleins hellglänzendem Strahl,
   den lieblichen Knaben, das himmlische Kind,
   viel schöner und holder, als Engelein sind.

3. Da liegt es, das Kindlein, auf Heu und auf Stroh,
   Maria und Josef betrachten es froh;
   die redlichen Hirten knien betend davor,
   hoch oben schwebt jubelnd der Engelein Chor.

4. Manch Hirtenkind trägt wohl mit freudigem Sinn
   Milch, Butter und Honig nach Betlehem hin;
   ein Körblein voll Früchte, das purpurrot glänzt,
   ein schneeweißes Lämmchen mit Blumen bekränzt.

5. O betet: Du liebes, Du göttliches Kind
   was leidest Du alles für unsere Sünd'!
   Ach hier in der Krippe schon Armut und Not,
   am Kreuze dort gar noch den bittern Tod.

6. O beugt wie die Hirten anbetend die Knie,
   erhebet die Hände und danket wie sie!
   Stimmt freudig, ihr Kinder – wer wollt sich nicht freun? –
   stimmt freudig zum Jubel der Engel mit ein!

7. Was geben wir Kinder, was schenken wir Dir,
   du Bestes und Liebstes der Kinder, dafür?
   Nichts willst Du von Schätzen und Freuden der Welt –
   ein Herz nur voll Unschuld allein Dir gefällt.

8. So nimm unsre Herzen zum Opfer denn hin;
   wir geben sie gerne mit fröhlichem Sinn –
   und mache sie heilig und selig wie Dein's,
   und mach sie auf ewig mit Deinem nur Eins.

MELODIE: **Johann Abraham Peter Schulz (1747–1800)**
TEXT: **Christoph von Schmid (1768–1854)**

Um Kindern zu zeigen, wie Gott das Gute siegen ließ,
schuf der katholische Pfarrer Christoph von Schmid
fünfzig kleine Geschichten und Texte. Die Strophen
dieses Liedes gehen auf die Geschichte »Die Kinder bey
der Krippe« zurück – ein wundervolles Bekenntnis zu
Jesus als Freund und Gefährte.

IN DULCI JUBILO

1 In dul - ci ju - bi - lo,_____ nun sin - get und seid froh:_____ Un - sers Her - zens Won - ne liegt in prae - se - pi - o_____ und leuch - tet wie die Son - ne ma - tris in gre - mi - o.____ Al - pha es et O.____ Al - pha es et O.____

2. O Jesu parvule,
   nach dir ist mir so weh.
   Tröst mir mein Gemüte,
   o puer optime.
   Durch alle deine Güte,
   o princeps gloriae.
   Trahe me post te,
   trahe me post te!

3. O Patris caritas,
   o nati lenitas!
   Wir warn all verdorben
   per nostra crimina,
   da hat er uns erworben
   caelorum gaudia.
   Quanta gratia,
   quanta gratia!

4. Ubi sunt gaudia?
   Nirgend mehr denn da,
   wo die Engel singen
   nova cantica,
   und die Zimbeln klingen
   in regis curia.
   Eja qualia,
   eja qualia.

MELODIE UND TEXT: 15. Jahrhundert

Aus dem 15. Jahrhundert stammt dieses Weihnachtslied, das sich
durch die Mischung aus lateinischem und deutschem Text auszeichnet.
Sie weist auf eine Volksbeteiligung im Gottesdienst hin: Priester und
Laien sangen wohl die jeweiligen Abschnitte im Wechsel.

ES WIRD SCHON GLEICH DUNKEL

1 Es wird schon gleich dun - kel, es wird schon gleich
drum komm' ich zu dir— her, mein Hei - land, auf

Nacht, Will sin - gen ein Lied - lein dem
d' Wacht.

Kind - lein, dem klei - nen. Du magst ja nicht

schla - fen, ich hör' dich nur wei - nen. Ei,—

ei, ei,— ei, schlaf süß, herz - lieb's Kind!

2. Vergiss jetzt, o Kindlein, dein' Kummer, dein Leid,
   Das du da musst leiden im Stall auf der Heid'.
   Es zier'n ja die Engel dein Krippelein aus,
   Möcht' schöner nicht sein in dem vornehmsten Haus.
   Ei, ei, ei, ei, schlaf süß, herzlieb's Kind.

3. O Kindlein, du liegst dort im Kripplein so schön;
   Mir scheint, ich kann niemals von dir dort weggehn.
   Ich wünsch' dir von Herzen die süßeste Ruh';
   Die Engel vom Himmel, die decken dich zu.
   Ei, ei, ei, ei, schlaf süß, herzlieb's Kind.

4. Schließ zu deine Äuglein in Ruh' und in Fried'
   Und gib mir zum Abschied dein' Segen nur mit.
   Dann wird auch mein Schlafen ganz sorgenlos sein,
   Dann kann ich mich ruhig aufs Niederleg'n freun.
   Ei, ei, ei, ei, schlaf süß, herzlieb's Kind.

MELODIE: **18. Jahrhundert**
TEXT: **Anton Reidinger (1839–1912)**

Auch dieses Lied hat für die Melodie ein
Marienlied als Grundlage. »Maria zu lieben
ist allzeit mein Sinn« lautet der Titel des
Stücks, das erstmals 1765 im Paderborner
Gesangbuch erschien. Der Text stammt
vom österreichischen Dichter Anton Reidinger; er lautet im Original »Es wird scho
glei dumpa«.

JOSEPH, LIEBER JOSEPH MEIN

1 Jo - seph, lie - ber Jo - seph mein, hilf mir wieg'n mein Kin - de - lein, Gott, der wird dein Loh - ner sein, im Him - mel reich, der Jung - frau Sohn Ma - ri - a.

2. Gerne, liebe Maria mein,
   helf ich dir wiegen das Kindelein.
   Gott, der wird mein Lohner sein
   im Himmelreich, der Jungfrau Sohn
   Maria.
   Eia! Eia!

3. Freu dich nun, o Christenschar,
   der himmlische König klar
   nahm die Menschheit offenbar,
   den uns gebar die reine Magd
   Maria.
   Eia! Eia!

4. Süßer Jesu, auserkor'n,
   weißt wohl, dass wir war'n verlor'n,
   still uns deines Vaters Zorn,
   dich hat gebor'n die reine Magd
   Maria.
   Eia! Eia!

MELODIE UND TEXT: **16. Jahrhundert**

Weihnachtslieder erzählen so manche
Geschichte weiter – und geben auch mal
einer Person Raum, die in der Bibel eher
knapp behandelt wird. In den biblischen
Überlieferungen gibt es von Joseph keinen gesprochenen Satz, hier kommt er
gar mit einer ganzen Strophe zu Wort.

STILL, STILL, STILL

1 Still,— Still,— still, weil's Kind - lein— schla - fen— will.

Die Eng - lein— tun schön ju - bi - lie - ren, bei dem

Kripp - lein mu - si - zie - ren. Still,— still, still, weil's

Kind - lein—— schla - fen—— will.

2. Schlaf, schlaf, schlaf,
mein liebes Kindlein, schlaf!
Maria tut dich niedersingen
und ihr treues Herz darbringen.
Schlaf, schlaf, schlaf, mein liebes
Kindlein, schlaf!

3. Groß, groß, groß, die Lieb' ist übergroß.
Gott hat den Himmelsthron verlassen
und muss reisen auf den Straßen.
Groß, groß, groß, die Lieb' ist
übergroß.

4. Auf, auf, auf,
ihr Adamskinder auf!
Fallet Jesum all' zu Füßen,
weil er für uns d'Sünd tut büßen!
Auf, auf, auf, ihr Adamskinder auf!

5. Wir, wir, wir, wir rufen all' zu dir:
Tu uns des Himmels Reich aufschließen,
wenn wir einmal sterben müssen.
Wir, wir, wir, wir rufen all' zu dir.

MELODIE UND TEXT:
19. Jahrhundert, Salzburger Land

WAS SOLL DAS BEDEUTEN?

1 Was soll das be - deu - ten? Es_ ta - get ja_ schon!
Ich_ weiß wohl, es_ geht erst um_ Mit - ter - nacht rum.
Schaut nur_ da - her! Schaut nur_ da - her! Wie
glän - zen die_ Stern - lein je_ län - ger je mehr.

2. Treibt zusammen, treibt zusammen die Schäflein fürbass.
Treibt zusammen, treibt zusammen, dort zeig ich euch was.
Dort in dem Stall, dort in dem Stall
werdet Wunderding sehen, treibt zusammen einmal.

3. Ich hab nur ein wenig von weitem geguckt,
da hat mir mein Herz schon vor Freuden gehupft:
Ein schönes Kind, ein schönes Kind
liegt dort in der Krippe bei Esel und Rind.

4. Ein herziger Vater, der steht auch dabei,
   eine wunderschöne Jungfrau kniet auch auf dem Heu,
   Um und um singt's, um und um klingt's,
   man sieht ja kein Lichtlein, so um und um brinnt's.

5. Das Kindlein, das zittert vor Kälte und Frost.
   Ich dacht mir: wer hat es denn also verstoßt,
   dass man auch heut, dass man auch heut
   ihm sonst keine andere Herberg anbeut?

6. So gehet und nehmet ein Lämmlein vom Gras
   und bringet dem schönen Christkindlein etwas.
   Geht nur fein sacht, geht nur fein sacht,
   auf dass ihr dem Kindlein kein Unruh nicht macht!

MELODIE UND TEXT: **17. Jahrhundert**

Vermutlich ein Teil eines volkstümlichen Krippen-
spiels ist der Ursprung dieses Liedes. Der Text
erzählt aus der Sicht eines Hirten das Geschehen
um die Geburt Jesu und das Erscheinen der Engel
auf dem Felde.

KOMMET, IHR HIRTEN

1 Kom - met, ihr Hir - ten, ihr Män - ner und Frau'n!
Kom - met, das lieb - li - che Kind - lein zu schaun!
Chris - tus, der Herr, ist heu - te ge - bo - ren, den Gott zum
Hei - land euch hat er - ko - ren. Fürch - tet euch nicht!

2. Lasset uns sehen in Bethlehems Stall,
Was uns verheißen der himmlische Schall;
Was wir dort finden, lasset uns künden,
Lasset uns preisen in frommen Weisen:
Halleluja!

3. Wahrlich, die Engel verkündigen heut
Bethlehems Hirtenvolk gar große Freud:
Nun soll es werden Friede auf Erden,
Den Menschen allen ein Wohlgefallen:
Ehre sei Gott!

MELODIE: **Volkslied aus Böhmen**
TEXT: **Carl Riedel (1827–1888)**

Auf ein böhmisches Weihnachtslied gehen Text und Melodie von
»Kommet, ihr Hirten« zurück.
Die deutsche Fassung wurde vor
1868 vom Leipziger Kapellmeister
Carl Riedel frei nach dem Original
verfasst, 1870 dann erstmals veröffentlicht.

HÖRT, DER ENGEL HELLE LIEDER

1 Hört, der En - gel___ hel - le Lie - der
und die Ber - ge___ hal - len wi - der

klin - gen das weit - te___ Feld ent - lang,
von des___ Him - mels___ Lob - ge - sang:

Glo - - - - - - - - - - -
- ri - a in ex - cel - sis De - o.

Glo - - - - - - - - - - -
- ri - a in ex - cel - sis De - - o.

2. Hirten, warum wird gesungen?
Sagt mir doch eures Jubels Grund
Welch ein Sieg ward denn errungen,
den uns die Chöre machen kund?
Gloria in excelsis Deo.

3. Sie verkünden uns mit Schalle,
dass der Erlöser nun erschien,
dankbar singen sie heut alle
an diesem Fest und grüßen ihn.
Gloria in excelsis Deo.

MELODIE UND TEXT:
18. Jahrhundert, Frankreich

»Les Anges dans nos campagnes«
(»Engel auf unseren Feldern«)
lautet der Titel des französischen
Liedes, das hier die Grundlage
bildet. Der Text greift die Verkün-
digung der Engel an die Hirten
aus der Weihnachtsgeschichte auf.
Der lateinische Refrain »Gloria in
excelsis Deo« bedeutet: »Ehre sei
Gott in der Höhe.«

ICH DANKE GOTT
UND FREUE MICH

Ich danke Gott, und freue mich
Wie's Kind zur Weihnachtsgabe,
Dass ich bin, bin! Und dass ich dich,
Schön menschlich Antlitz! habe;

Dass ich die Sonne, Berg und Meer,
Und Laub und Gras kann sehen,
Und abends unterm Sternenheer
Und lieben Monde gehen;

Und dass mir denn zumute ist,
Als wenn wir Kinder kamen,
Und sahen, was der heil'ge Christ
Bescheret hatte, amen!

Ich danke Gott mit Saitenspiel,
Dass ich kein König worden,
Ich wär geschmeichelt worden viel,
Und wär vielleicht verdorben.

Auch bet ich ihn von Herzen an,
Dass ich auf dieser Erde
Nicht bin ein großer reicher Mann,
Und auch wohl keiner werde.

Denn Ehr und Reichtum treibt und bläht,
Hat mancherlei Gefahren,
Und vielen hat's das Herz verdreht,
Die weiland wacker waren.

Und all das Geld und all das Gut
Gewährt zwar viele Sachen;
Gesundheit, Schlaf und guten Mut
Kann's aber doch nicht machen.

Und die sind doch, bei Ja und Nein!
Ein reicher Lohn und Segen!
Drum will ich mich nicht groß kastein
Des vielen Geldes wegen.

Gott gebe mir nur jeden Tag,
So viel ich darf zum Leben.
Er gibt's dem Sperling auf dem Dach;
Wie sollt er's mir nicht geben!

Matthias Claudius (1740–1815)

ES IST FÜR UNS EINE ZEIT ANGEKOMMEN

2. Es ist für uns eine Zeit angekommen,
   die bringt uns eine große Freud.
   Übers schneebeglänzte Feld
   wandern wir, wandern wir
   durch die weite, weiße Welt.

3. Es schlafen Bächlein und See unterm Eise,
   es träumt der Wald einen tiefen Traum.
   Durch den Schnee, der leise fällt,
   wandern wir, wandern wir
   durch die weite, weiße Welt.

4. Vom hohen Himmel ein leuchtendes Schweigen
   erfüllt die Herzen mit Seligkeit.
   Unterm sternbeglänzten Zelt
   wandern wir, wandern wir
   durch die weite, weiße Welt.

MELODIE UND TEXT: **19. Jahrhundert, Schweiz**

Dieses Lied stammt aus dem schwei-
zerischen Kanton Luzern und ist dort
aus dem Brauch des Dreikönigssingens
hervorgegangen. Am Abend vor dem
Dreikönigstag zog man von Haus zu Haus
und brachte die frohe Botschaft von der
Geburt Jesu zu den Menschen. Der Text
stammt aus dem 19. Jahrhundert und zieht
bis heute die Menschen in den Bann.

ES FÜHRT DREI KÖNIG GOTTES HAND

Em ... Am Em Hm

1 Es führt drei Kö - nig Got - tes Hand mit

G F♯ Hm Em Am H Em C G

ei - nem Stern aus Mor - gen - land zum Christ - kind

D G Em A D G/H D G Hm

durch Je - ru - sa - lem zu Da - vids Stadt, nach

Em G D G C G Em Hm Em/G A D Hm

Beth - le - hem. Gott, führ auch uns zu die - sem Kind und

Am D G Am Em H Em

mach aus uns sein Hof - ge - sind.

2. Aus Morgenland in aller Eil
   sie reisten weit, viel hundert Meil
   Sie zogen hin zu Land und See,
   bergauf, bergab, durch Reif und Schnee.
   Zu dir, o Gott, die Pilgerfahrt
   uns dünke nie zu schwer und hart.

3. Sie kehrten bei Herodes ein,
   am Himmel schwand des Sternes Schein;
   doch wie zum Kind sie eilig gehn,
   den Stern sie auch von neuem sehn.
   Gott, lass das Licht der Gnad uns schaun,
   auf deine Führung fest vertraun!

4. Und überm Haus wo's Kindlein war
   stand still der Stern, so wunderbar,
   da knien sie und weih'n dem Kind
   Gold, Weihrauch, Myrrh' zum Angebind.
   Gott, nimm von uns als Opfergut
   Herz, Leib und Seele, Ehr und Blut!

5. Durch Weihrauch stellten fromm sie dar,
   dass dieses Kind Gott selber war;
   die Myrrh' auf seine Menschheit wies,
   das Gold die Königswürde pries.
   O Gott, halt uns bei dieser Lehr;
   dem Irrtum und dem Abfall wehr!

MELODIE: **Volkslied** TEXT: **nach Köln 1623**

Das Matthäusevangelium erzählt im zweiten Kapitel von den drei Sterndeutern, die
sich auf den Weg nach Betlehem machen. »Wo ist der neugeborene König der Juden?
Wir haben seinen Stern aufgehen sehen und sind gekommen, um ihm zu huldigen?«
Geführt vom Stern gelangen sie schließlich an die Krippe und bringen drei Gaben:
Gold, Weihrauch und Myrrhe, ein aromatisches Harz, das unter anderem zur Salbung
verwendet wurde. Den Weg der Sterndeuter, die in der christlichen Tradition als
Weise oder Könige benannt werden, erzählt dieses Lied nach.

EIN KIND GEBORN ZU BETLEHEM

2. Hier liegt es in dem Krippelein, – Krippelein,
   ohn Ende ist die Herrschaft sein.
   Halleluja, halleluja.

3. Die König' aus Saba kamen her, – kamen her,
   Gold, Weihrauch, Myrrhe brachten sie dar.
   Halleluja, halleluja.

4. Sie gingen in das Haus hinein, – Haus hinein,
   und grüßten das Kind und die Mutter sein.
   Halleluja, halleluja.

5. Sie fielen nieder auf ihre Knie, – auf ihre Knie,
   und sprachen: »Gott und Mensch ist hie.«
   Halleluja, halleluja.

6. Für solche gnadenreiche Zeit, – gnadenreiche Zeit,
   sei Gott gelobt in Ewigkeit.
   Halleluja, halleluja.

MELODIE UND TEXT: **14. Jahrhundert**

Die Wurzeln für dieses Lied reichen weit zurück: Der lateinisches Hymnus »Puer natus in
Bethlehem« (»Ein Kind geborn zu Betlehem«)
ist bereits für das 14. Jahrhundert belegt. Es gibt
verschiedene Melodiefassungen zum Text, unter
anderem von Michael Praetorius (1571–1621) und
Dietrich Buxtehude (1637–1707). In manchen
Ausführungen sind auch lateinische Satzstücke
vorhanden, die dann als Wechselgesang gesungen wurden.

SCHNEEFLÖCKCHEN, WEISSRÖCKCHEN

1 Schnee - flöck - chen, Weiß - röck - chen, wann kommst du ge - schneit? Du wohnst in den Wol - ken, dein Weg ist so weit.

2. Komm setz dich ans Fenster,
du lieblicher Stern,
malst Blumen und Blätter,
wir haben dich gern.

3. Schneeflöckchen, du deckst uns
die Blümelein zu,
dann schlafen sie sicher
in himmlischer Ruh'.

4. Schneeflöckchen, Weißröckchen,
komm zu uns ins Tal.
Dann bau'n wir den Schneemann
und werfen den Ball.

MELODIE: **Volkslied**
TEXT: **Hedwig Haberkern (1837–1901)**

Für Kinder ist dieses Lied eines der beliebtesten Weihnachtslieder. Mit bildreicher Sprache beschreibt es das Naturphänomen Schnee und macht es auch schon für Kindergartenkinder zugänglich. Die Urfassung stammt von Hedwig Haberkern, die zunächst als Erzieherin und dann als Lehrerin in Breslau tätig war. Als »Tante Hedwig« schrieb sie Erzählungen für Kinder, 1869 erschienen als ihr Erstlingswerk »Tante Hedwigs Geschichten für kleine Kinder«.

KLING, GLÖCKCHEN

1 Kling, Glöck - chen, klin - ge - lin - ge - ling, kling, Glöck - chen, kling! Lasst mich ein, ihr Kin - der, ist so kalt der Win - ter, öff - net mir die Tü - ren, lasst mich nicht er - frie - ren. Kling, Glöck - chen, klin - ge - lin - ge - ling, kling, Glöck - chen, kling!

2. Kling, Glöckchen, klingelingeling,
kling, Glöckchen, kling!
Mädchen, hört, und Bübchen,
macht mir auf das Stübchen!
Bring euch viele Gaben,
sollt euch dran erlaben.
Kling, Glöckchen, klingelingeling,
kling, Glöckchen, kling!

3. Kling, Glöckchen, klingelingeling,
kling, Glöckchen, kling!
Hell erglühn die Kerzen,
öffnet mir die Herzen!
Will drin wohnen fröhlich,
frommes Kind, wie selig.
Kling, Glöckchen, klingelingeling,
kling, Glöckchen, kling!

MELODIE: **Volkslied**
TEXT: **Karl Enslin** (1819–1875)

Glockenklänge erfahren in Winterliedern eine große Beliebtheit. Das beste internationale Beispiel dafür ist »Jingle Bells«. Das Lied »Kling, Glöckchen, klingelingeling« erfreut sich ebenfalls großer Bekanntheit. Das Glöckchen deutet hier an, dass das Christkind vor der Tür steht und den Kindern die ersehnten Gaben bringen möchte.

O TANNENBAUM

1 O Tan - nen - baum, o Tan - nen - baum, wie grün sind dei - ne Blät - ter! Du grünst nicht nur zur Som - mer- -zeit, nein, auch im Win - ter, wenn es schneit. O Tan - nen- -baum, o Tan - nen - baum, wie grün sind dei - ne Blät - ter!

2. O Tannenbaum, o Tannenbaum,
   du kannst mir sehr gefallen;
   wie oft hat nicht zur Weihnachtszeit
   ein Baum von dir mich hoch erfreut.
   O Tannenbaum, o Tannenbaum,
   du kannst mir sehr gefallen.

   MELODIE: **16. Jahrhundert**
   TEXT: **August Zarnack (1777–1827)**
   und Ernst Anschütz (1780–1861)

3. O Tannenbaum, o Tannenbaum,
   dein Kleid will mich was lehren:
   die Hoffnung und Beständigkeit
   gibt Trost und Kraft zu jeder Zeit!
   O Tannenbaum, o Tannenbaum,
   dein Kleid will mich was lehren.

   Der Tannenbaum ist kaum mehr vom
   Weihnachtsfest wegzudenken. Dabei
   kam der Brauch erst im 19. Jahrhundert
   in Deutschland auf und verbreitete sich
   bald über die ganze Welt.

LEISE RIESELT DER SCHNEE

1 Lei - se rie - selt der Schnee, still und starr ruht der See,___ weih - nacht - lich glän - zet der Wald,___ freu - e dich, Christ - kind kommt bald!___

2. In den Herzen ist's warm,
   Still schweigt Kummer und Harm,
   Sorge des Lebens verhallt:
   Freue Dich, Christkind kommt bald.

3. Bald ist heilige Nacht;
   Chor der Engel erwacht;
   Horch' nur, wie lieblich es schallt:
   Freue Dich, Christkind kommt bald.

MELODIE: **Volksgut**
TEXT: **Eduard Ebel (1839–1905)**

Die Faszination der Romantik für die Natur kommt in
diesem Lied zum Tragen. Dabei handelt es aber nicht nur
von Schnee, Wald oder Nacht, sondern lässt auch die
Vorfreude auf das Weihnachtsfest durchblicken.

A, B, C, DIE KATZE
LIEF IM SCHNEE

1 A, b, c, die Kat - ze lief im Schnee. Und
als sie wie - der raus - kam, da hat sie wei - ße Stie - fel an, o
je - mi - ne, o je - mi - ne, o je - mi - ne, o je.

2. A, b, c, die Katze lief zur Höh!
Sie leckt ihr kaltes Pfötchen rein
und putzt sich auch die Stiefelein
und ging nicht mehr, und ging nicht mehr,
ging nicht mehr in den Schnee.

MELODIE UND TEXT: **Volkslied**

Ein Lied, das nicht nur Katzenbegeisterten eine Freude
macht, sondern auch schon kleinen Kindern. Wer mag,
kann das Lied singen und anschließend eine Katze malen.

DAS ALTE IST VERGANGEN

1 Das al - te ist ver - gan - gen, das neu - e an - ge - fan - gen,

Glück zu, Glück zu, ___ zum neu - en Jahr!

2. Das alte lasst uns schließen,
   das neue freundlich grüßen.
   Glück zu, Glück zu, zum neuen Jahr!

3. Es bringt dir Heil und Segen,
   viel Freuden allerwegen.
   Glück zu, Glück zu, zum neuen Jahr!

4. Frisch auf zu neuen Taten,
   hilf Gott, dass sie geraten.
   Glück zu, Glück zu, zum neuen Jahr!

MELODIE UND TEXT: **Volkslied**

Das Jahresende ist immer eine Zeit des Übergangs:
Der Blick fällt zurück auf das, was war. Und zugleich
wirft auch schon die kommende Zeit ihr Licht voraus.
Für beides erbittet dieses Lied einen Segen.

GITARRENAKKORDE

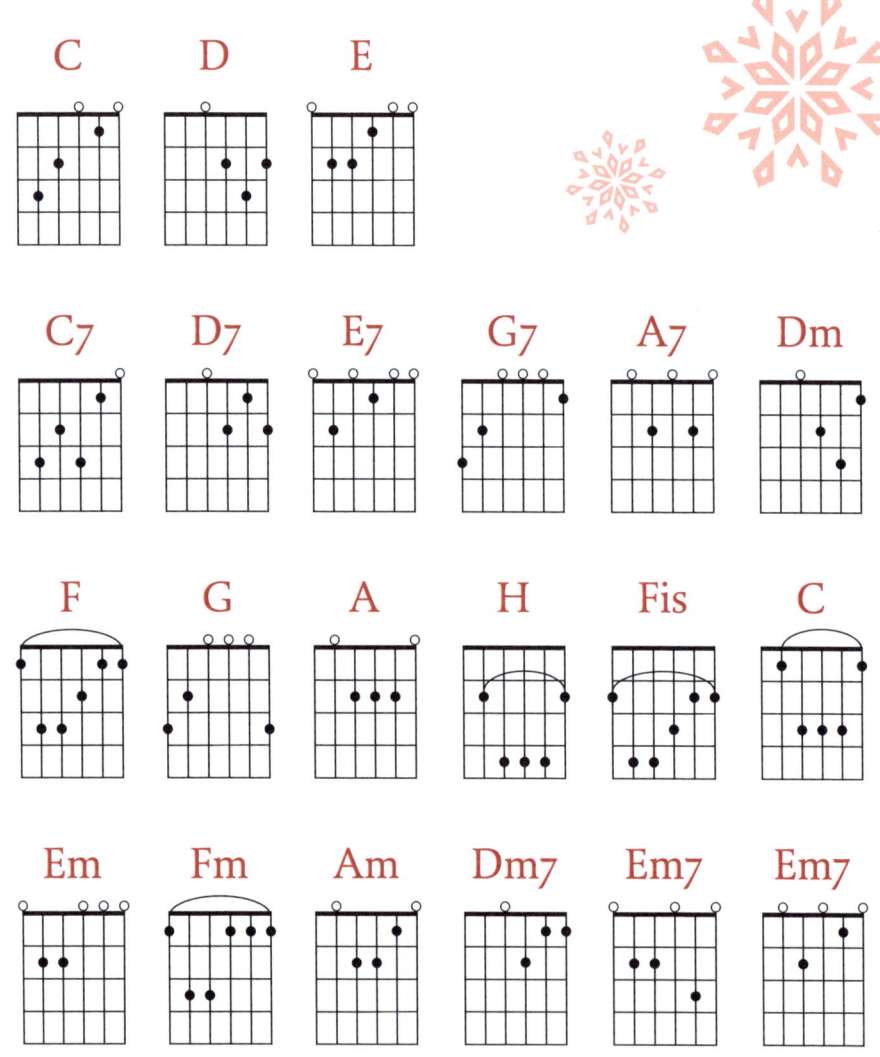

ALPHABETISCHES VERZEICHNIS DER LIEDER

Quellennachweise

S. 11 f.: Die Weihnachtsgeschichte, Lukasevangelium 2,1–20, aus: Einheitsübersetzung der Heiligen Schrift © 2016 Katholische Bibelanstalt, Stuttgart. Alle Rechte vorbehalten.

S. 24 f.: Das Rezept für die Spekulatius-Nikoläuse stammt aus: Dorothea Steinbacher, Wenn's draußen finster wird (c) 2020, Kösel-Verlag, München, in der Penguin Random House Verlagsgruppe GmbH

Penguin Random House Verlagsgruppe FSC® N001967

2. Auflage 2022
Copyright © 2021 Kösel-Verlag, München,
in der Penguin Random House Verlagsgruppe GmbH,
Neumarkter Str. 28, 81673 München
Umschlaggestaltung: zero-media.net, München
Umschlagmotiv: FinePic®, München
Innenlayout: wunderlichundweigand
Druck und Bindung: Alföldi Nyomda Zrt., Debrecen
Printed in Hungary
ISBN 978-3-466-37277-5
www.koesel.de